AF261922

UN MOT

SUR

LA TRANSLATION EN FRANCE

DES RESTES

DE NAPOLÉON.

CLERMONT-FERRAND,

IMPRIMERIE DE THIBAUD-LANDRIOT ET Cie.

UN MOT

SUR

LA TRANSLATION EN FRANCE

DES RESTES

DE NAPOLÉON,

PAR

Théodore de Douhet.

..... Timeo Danaos et dona ferentes.
VIRGILE.

Paris,

CHEZ DENTU, LIBRAIRE,

Palais-Royal, galerie d'Orléans.

1840.

I.

Qu'a de commun la France de 1840 avec l'époque impériale ? Qu'a de commun la liberté avec le despotisme, pour que tout à coup un seul mot prononcé à la chambre, ait fait tourner les yeux de tout un peuple vers une île déserte, à plus de mille lieues d'ici?

Encore du macairisme politique, encore de cette audace révolutionnaire qui pousse M. Thiers à mettre la main dans toutes les grandeurs, à commencer par la duchesse de Berry et Napoléon..... Par où finira-t-il donc?

C'est que M. Thiers est du nombre de ces hommes qui se croient des célébrités, et par cela même astreints à soutenir leur nom en l'accolant à la gloire.

Singulier égoïsme pourtant , que celui qui leur fait ainsi établir un rapprochement tout à leur désavantage : ceci n'est encore qu'un demi-mal; mais quand leurs actes en viennent à attaquer et à ternir l'honneur du pays qu'ils sont appelés à représenter, dès lors leur conduite est plus que criminelle, elle est infâme ! Eh, bon Dieu ! n'avions-nous pas déjà assez la conscience de notre petitesse, sans qu'il fût nécessaire de nous la rendre plus manifeste encore, en nous entretenant d'un passé qui ne peut que nous faire doublement gémir sur ce que nous voyons chaque jour.

Comment ! ce sont les hommes de 1830 qui veulent toucher aux restes de l'Empereur ! marier leur nom si petit à un nom si grand ; eux, charlatans de faux principes, tendre la main à la main de fer du despote qui, de son vivant, la leur eût brisée comme chose ignominieuse ; et cela, sous le vœu exprimé par l'Angleterre, et accepté par M. Thiers ! En vérité, l'œil se détourne de dégoût devant cet ignoble tripotage, devant cette mercantile transaction, bien digne de ce peuple qui trafique, pour son intérêt, des choses les plus saintes, même des cendres d'un mort illustre.

Maintenant qu'il n'est plus, a-t-elle dit sans doute à M. Thiers ; maintenant que nous n'avons plus rien à redouter, nous vous le cédons ; assez long-temps nous l'avons gardé ; il peut revenir en France, prenez-le, ce sera un hochet pour votre pays, qui, en adorant cette once de poussière, vous donnera moins de peine à conduire. Mais, en revanche de cette immense concession, promettez-nous de toujours marcher dans notre ligne politique, de telle façon que nous arrivions à nos fins ; sinon pas de cadavre !

Alors M. Thiers de se courber, avec

force promesses, devant cette parole échappée après mûre réflexion du cabinet de Saint-James.

Ainsi se font les affaires en l'an de grâce 1840. Au reste, nous ne devions pas moins nous attendre de pareils hommes, chez qui la fierté nationale est une vertu envolée ; ils naissent pour le malheur des peuples. Que Dieu fasse leurs jours de peu de durée !

Allez donc, Monsieur Thiers et compagnie, en vain vous voudrez troubler le sommeil de celui dont la vie fut si agitée. Son grand cœur, qui avait si bien la conscience de ce qui est noble et national, se refusera toujours, en de pareilles circonstances, à bénir ce retour en France, qu'il avait pourtant rêvé à son lit de mort, comme devant le réhabiliter dans sa gloire un moment ternie à Waterloo.

Glorifiez-vous ! vous venez de rendre déçue la dernière espérance de celui que vous voulez maintenant déifier.

Il viendra pourtant, mais peut-être sera-ce pour votre malheur ! car les cendres de cet homme de bruit ont encore une vertu effrayante, celle de foudroyer, ainsi que l'arche d'Israël, ceux qui ne sont point assez purs pour les toucher.

II.

Comment, en pareille matière, aurait agi un gouvernement adroit et national ?

❖

D'abord ce gouvernement étant adroit et national, n'eût pas cru obligatoire à sa popularité de flatter ce qui restait du parti napoléonien. En ouvrant devant lui, par le retour de son idole chérie, un vaste champ à ses espérances, il eût trouvé, dans sa sollicitude pour le pays, la force de sacrifier cet enthousiasme que chacun sent au fond du cœur à l'aspect de ce qui est glorieux ; sachant bien d'ailleurs que personne, dans ce parti, ne serait assez impartial, pour accepter, comme résultat d'intentions droites, ce que lui gouvernement voudrait faire à l'égard d'un souvenir dont la trace est encore si vivante et si aimée.

Dès lors, après ces réflexions faites, n'ayant plus à songer qu'à ses intérêts, et à prévoir pour tous ceux qui ne prévoyaient rien, il eût re-

poussé dédaigneusement l'offre perfide et hypocrite de l'Angleterre, si
elle avait osé la lui faire, et eût laissé
Napoléon dormir de son sommeil là
encore où il est.

Que si un jour, au contraire, pen-
sant être assez sûr de lui-même pour
pouvoir remplir les dernières volontés
de l'Empereur, il eût voulu déifier
ses restes illustres au centre même de
son ancienne capitale, il aurait bien
trouvé le moyen de mettre notre gran-
deur nationale au niveau de ce noble
projet, et les cendres du grand soldat
nous eussent été rendues toujours glo-
rieuses et impériales.

Pour parvenir à ce but qu'aurait-il fait ? Il s'y serait pris long-temps d'avance ; il aurait encore laissé ce dépôt à l'Angleterre, mais seulement comme une concession future à ces événements fortuits, qui, d'un moment à l'autre, peuvent surgir dans le monde politique, surtout quand l'une de deux nations aussi voisines fait de la fierté et de l'indépendance de conduite.

Par ce seul fait, il eût établi une large pierre d'attente pour l'avenir, et si le jour des luttes ainsi que des traités fût arrivé, bientôt aussi peut-être serait apparu celui des formidables exigences, saisissantes apparitions qui eussent alors glacé d'effroi la fierté de notre envieuse rivale ; parce qu'alors le gouvernement eût pris une attitude tout à fait digne de la question qu'il aurait traitée. « Je » vous accorde ce que vous me de- » mandez, aurait-il dit à l'Angle- » terre ; mais, de votre côté, vous » vous obligez à équiper, non pas » un seul vaisseau, mais bien une » flotte entière, afin de transporter » sur les rivages français les restes de » celui que vous n'appeliez plus à » Sainte-Hélène que le général Bona- » parte. Il a quitté la patrie sur un » vaisseau anglais, son honneur exige

» qu'il y rentre sous le pavillon du
» même peuple ; vous avez humilié
» la fin de sa grande vie, c'est de
» votre main qu'il doit être couronné
» de sa dernière couronne ! »

Et si l'Angleterre, humiliée, de son
côté, à la vue de pareilles exigences,
reculait dans sa vieille fierté, alors
le gouvernement saurait bien lui ré-
pondre : « Vous n'acceptez pas !...
» Eh bien ! gardez encore cette pous-
» sière ; celui qu'elle rappelle est as-
» sez dans tous les souvenirs de la
» France, pour pouvoir se contenter
» de sa destinée ; gardez ce cercueil,
» désormais il sera debout entre nos

» deux nations, afin de les séparer à
» jamais; nous voulions effacer notre
» dernière inimitié écrite à Sainte-Hé-
» lène dans le nom de Napoléon,
» vous ne l'avez pas voulu. Napoléon
» dans sa tombe avec nous s'en ré-
» jouira; car il préfère encore être
» foulé par des pieds ennemis, que
» de revenir en France pour cimenter
» l'alliance anglaise. »

Ainsi se fût prononcé un gouvernement fort et national ; tous les partis
lui eussent sacrifié leurs passions, et
la France eût été aussi haut placée
que la France de nos pères.

III.

Différence de manière d'agir.

Au lieu de cela que fait-on? L'offre anglaise subie par la couronne transpire à la chambre, au milieu d'une froide discussion sur les sucres indigènes, et cette nouvelle n'a pas même l'influence de l'inattendu. Rien ne

pousse les esprits à provoquer instan-
tanément sur l'heure une seule inter-
pellation contre des mesures aussi peu
nationales ; comme si, par respect
pour une question aussi grave que la
translation en France des cendres de
Napoléon , il n'était pas du devoir des
représentants d'un grand peuple , de
son ancien peuple à lui , d'oublier un
instant les fausses entraves d'un règle-
ment, pour prêter la plus profonde
attention à ce qui touche si vivement
sa gloire et son honneur.

Mais l'heure s'avance, et MM. les
députés ont-ils le temps de s'entrete-
nir de l'ombre de Napoléon , quand il

s'agit d'aller à leurs affaires ou à leurs plaisirs !... Pauvre France ! que ne reconnaîtra pas l'exilé à son retour !

C'est qu'il ne se doutait pas, le géant colossal, qu'en surexcitant les passions généreuses de la France, il en tarissait la source pour long-temps.

Et puis, n'est-ce pas une nouvelle inconséquence du gouvernement, que d'employer à cette mission un des fils de Louis-Philippe, qui pourtant, s'il s'en souvient, traitait, en 1810, Napoléon de *tyran* et *d'usurpateur corse.*

En ce cas-là, est-ce pour effacer en

quelque sorte le passé de son père, que le fils est envoyé au bout de l'Atlantique? et n'y a-t-il pas dans tout cela quelque adroite politique rêvant de la popularité, par le reflet que peut y jeter le retour du captif?

Pourtant, n'eût-ce point été plus digne de confier ce mandat militaire à un de nos plus illustres amiraux? Mais il fallait plus d'un vaisseau pour un amiral, et on trouvait une frégate bien suffisante.

Ainsi, les cendres de celui dont le pas ébranlait le monde, n'ont pu être estimées au delà d'un million. Les

hommes de la révolution ont ainsi re-
nié sa gloire, en marchandant son
retour; et tout cela, de crainte de
porter ombrage à l'esprit étroit de
leurs électeurs.

Quant à nous, nous doutons de
grand cœur qu'il soit possible à un
gouvernement de s'ancrer dans l'opinion par des actions irréfléchies et ma-
ladroites, surtout quand ce gouvernement est celui d'un peuple qui, parfois
encore, aime à tourner les yeux en ar-
rière, et à se souvenir de ce qui n'est
plus.

IV.

L'Angleterre et M. Thiers.

◄-⊙-►

Napoléon est l'homme de la France.
— Oui, mais dans cent ans d'ici. Jus-
que-là, il ne sera que l'homme d'un
parti.

Ce n'est pas en vain, en effet, que

notre enfance a été bercée par les souvenirs de ce grand homme, que nos
plus illustres poëtes ont chanté son
nom, qu'ils ont enfin fixé les regards
étonnés de notre génération sur l'auréole glorieuse, dont ils se sont plu à
environner sa tête. La jeunesse se
livre si aisément aux fantaisies de la
pensée, surtout lorsqu'elles puisent
leur sève dans une origine aussi nationale, que, par enthousiasme, elle
serait toute disposée à prêter la main
à ce qui pourrait rappeler les souvenirs qu'elle admire.

L'Angleterre, notre *alliée* et notre
amie, sait bien à quoi s'en tenir à cet

égard. Aussi la voyez-vous, recevant avec une politique bienveillante le drapeau vivant de l'échauffourée de Strasbourg. Louis Napoléon, tête vive, qui se croit avoir du sang de son oncle dans les veines ; jeune prince qui, il n'y a pas long-temps encore, dans une réunion de quelques amis, porta ce toast : « Messieurs, à mon étoile ! » bientôt elle brillera au ciel ! »

Destinée à exploiter tous les troubles des nations, l'Angleterre le traite en public avec une indifférence toute diplomatique, mais, sous main, travaille sans relâche à sa fortune ; pour cela, elle l'entretient de l'incertitude de l'opinion en France, encore sous le prestige de son nom ; elle lui livre des documents falsifiés, qui ne peuvent qu'exalter ce cerveau déjà si ambitieux ; elle agit enfin vis-à-vis de lui comme elle vient de le faire pour le prince de Capoue, avec cette seule différence que, n'oubliant jamais son but politique, elle travaillait consciencieusement pour ce dernier, et que Louis Napoléon doit être sacrifié. Il est né holocauste et victime ; et la translation du cercueil de son illustre parrain, n'a été proposée à M. Thiers que comme devant être l'autel où il sera immolé..... Malheureux jeune homme !

Mais, croyez-le bien, l'Angleterre ne pouvait pas seule ourdir cette trame politique ; il lui fallait un complice en France, et ce complice sera M. Thiers ; il n'a pu s'empêcher en effet de comprendre toute l'incertitude de son existence publique vis-à-vis l'autorité royale, qui déjà a usé tant d'hommes encore moins dangereux que lui. Raisonnant alors avec son égoïsme, il a entrevu dans le désordre le seul moyen de soutenir sa fortune, en se rendant indispensable tour à tour au gouvernement et à la révolution, par sa rouerie si connue et si utile dans les temps orageux.

Comment en effet un homme peut-il juger sa position? — Par le temps qu'elle peut durer. Or, M. Thiers voit bien qu'il ne peut durer que le temps de la session, parce qu'il a derrière lui une prérogative plus puissante que la sienne, qui usera de ses droits en le mettant à la porte ; parce qu'il voit bien que lui, qui avait été assez habile pour disposer de la majorité au temps de la session, être alors indispensable, ne le sera plus. Ou peu importe qu'il le soit alors, une fois le budget voté, et la pensée directrice des affaires une fois décidée à de nouvelles élections.

Mais ne trompe pas qui veut M. Thiers. L'occurrence d'un pareil revers est bien faite pour lui ouvrir les yeux ; et dans l'attente d'une opposition sérieuse de sa part, il a voulu, croyez-le bien, par la mesure dont nous parlons, mettre la force populaire de son côté, en faisant asseoir avec lui sur les bancs de l'opposition les cendres de l'Empereur.

Cela se conçoit parfaitement quand on réfléchit à ce qu'est M. Thiers, qui, ainsi que tous les hommes à passions, doit aimer les époques bruyantes. Il est de leur nature de sentir leur intelligence grandir avec la difficulté, de porter leur regard là où gronde l'orage, qui, bien souvent, en détruisant, fonde un autre ordre de choses, où alors ils espèrent assouvir leur ambition et se tailler un haut pié-destal.... Qui sait jusqu'où s'élèvera celui de M. Thiers., si le temps et son étoile ne lui manquent pas? car l'on ne peut disconvenir que personne mieux que lui ne sait débrouiller les embarras et remuer la corruption !... C'est l'homme de l'époque par excel-lence.

Au reste, on peut s'attendre à tout ; l'empire romain s'est bien vu mettre aux enchères, et vendre à un Didius Julianus. Serait—ce plus extraordinaire de voir un jour

M. Thiers se pavanant dans le manteau de président d'une fausse république?

Oui, l'Angleterre a un but : soutenir Louis-Napoléon, et M. Thiers a le même but. L'un et l'autre, mais sans se le dire, tout en se devinant parfaitement, servent le jeune prince pour mettre uniquement ses droits en question, et puis pour en profiter. Que n'y a-t il pas à gagner, en effet, dans les temps de trouble, quand c'est un malheureux jeune homme qui tombe entre la rouerie d'un gouvernement qui a toujours abhorré sa race, et celle d'un homme aussi astucieux que **M. Thiers** !

Ce sera la dernière fois que sera mis en scène le nom de la famille de Napoléon ! Et nous, pauvres fous divisés, dont la destinée est de nous dévêtir de tout au profit de nos ennemis, nous ne nous apercevons pas que l'Angleterre ne nous jette aux yeux les cendres de l'Empereur, que pour nous forcer à les fermer sur sa perfide alliance, où déjà nous commencions à entrevoir notre ruine.

V.

Nous venons de dire que **M.** **Thiers**
est l'homme de l'époque par excel—
lence, et nous ajoutons que c'est là
précisément ce qui lui ouvrira probablement cet avenir dont nous parlons.
Le véritable talent ne naît-il pas en
effet de la veine la plus exploitable?

Ainsi Napoléon trouva la France belliqueuse et fanatique de gloire, il la gorgea de gloire. M. Thiers a trouvé cette même France livrée à la cupidité et à la bassesse, telle enfin que nous l'a faite la révolution de juillet; il l'a gorgée de bassesse et de cupidité, mais toujours à son profit; car, ainsi que beaucoup d'hommes à haute fortune, M. Thiers professe un assez grand amour de lui-même, pour briser tous les liens qui peuvent entraver sa route.

Aussi ne croyons-nous jamais, chez les hommes publics, à ces beaux désintéressements, qui quelquefois semblent leur faire tenir l'échelle pour la fortune d'autrui.

Si **M**. Thiers est plein d'élans généreux, et cela est encore possible, au milieu des inconséquences du moment, il est encore davantage sous l'empire immédiat de son ambition. Et, comment voulez-vous qu'il ne le soit pas, lui créé et mis au monde par ce siècle, dont il a chanté, en dix gros volumes, la page la plus retentissante, lui né intrigant et corrompu, et qui a trouvé les masses livrées à cette même corruption. Que pouvait lui offrir de plus cette fatalité, palladium de ses premiers pas et de toute sa vie; il a foi en elle, et il poursuit invariablement sa destinée, celle d'homéopathiser la génération actuelle, de l'user à force de la déconsidérer, et enfin d'ouvrir probablement une ère nouvelle à la France, désormais purgée par lui, et rien que par lui, de tout ce qui l'eût viciée à jamais.

Aussi sommes-nous loin de repousser M. Thiers; il nous pardonnera, sans doute, de montrer quelque dégoût à la vue de la sale manière dont il nous opère. Car lui aussi, malgré sa grande habitude, ne peut manquer parfois d'avoir quelques vertiges en remuant tant d'infamies.

Triste destinée, qui s'impose pourtant assez à cet homme, pour lui faire toujours poursuivre invariablement une telle route. Ainsi, le voyez-vous, en ce moment, avec son instinct de destruction, et la foi qu'il a dans la contagion de son approche, venir heurter de son pied les immortels restes de Napoléon, oubliant que, malgré sa mission dissolvante, il ne pourra jamais avilir assez la France, pour lui ravir ce qui fait sa gloire.

VI.

⋘❀⋙

Ce n'est pas seulement en France que beaucoup ont gémi sur les mesures ordonnées pour ce retour déjà si inopportun ; les puissances étrangères, croyons-le bien, malgré leur faible sympathie à notre égard, ont dû, sans doute aussi, souffrir en voyant le peu d'estime dont notre gouvernement entourait celui qui, à leurs yeux, nous avait élevés si haut, habituées, elles surtout, à le considérer comme un homme extraordinaire, dont le destin avait été de se former un renom effrayant, en brisant toutes les grandeurs de ce monde.

Aussi, leur effroi, si toutefois elles en ont eu, a-t-il été de peu de durée.

Tous ceux qui, des bords du Rhin jusqu'à la Moskowa, avaient jeté un long regard sur la prison de Sainte-Hélène, qui avaient prêté une oreille attentive afin d'ouïr si, de cette France qu'ils croyaient si fière de son ancien Empereur, quelque bruit guerrier et généreux n'allait pas se faire entendre ; tous ont détourné le visage, et sont rentrés dans le calme, en se disant entr'eux : « Il n'y a plus de » France, son honneur est parti avec » l'aigle impériale ; la France n'était » qu'en Napoléon. »

Elles ont raison, ces grandes puissances, car elles sont habituées à se glorifier dans un homme illustre, vers lequel elles élèvent toute leur admiration et leur respect.

Pierre-le-Grand, Frédéric de Prusse, Marie Thérèse, imposante trinité septentrionale, siégent tranquillement dans leurs cercueils. Au milieu de la patrie personne ne vient remuer leur poussière, peser leur couronne, profaner leur grande épée. Ils sont trépassés, dans leur renommée, avec le regret de leurs sujets et l'admiration de leurs ennemis ; ils ont le repos maintenant, et il le leur fallait après tant de fatigues.

Napoléon aussi, n'en avait-il pas besoin d'un peu de repos ? et, après dix-huit années de batailles, on osera le lui refuser ; on livrera son nom aux discussions d'une chambre si étroite,

que parmi quatre cents membres,
personne ne trouvera une parole vrai-
ment digne de lui et du pays. On lui
demande hier un million pour agiter
la France avec ce nom magique, elle
l'accorde ; demain, on lui en demande
un de plus, pour faire honneur au
cercueil, elle le refuse ; elle avait ac-
cédé à la mesure agitatrice, elle re-
cule devant la mesure qui honore.
Comprendra-t-on cette inconséquence
de conduite?..... Eh ! sans doute, on
la comprendra ; et, pour cela, il suf-
fira de regarder les éléments de la
chambre.

La presse, cette antique ennemie

du despotisme militaire, a décoché des traits envenimés sur cette réputation colossale, sur cet homme qui n'appuyait si fortement la main sur la France, que pour *contenir un peuple échappé de ses lois*.

De ces hésitations, de ces peurs, de ces incertitudes, savez-vous ce qu'il en résultera? l'éloge du despotisme. — On se dira qu'il en faudrait peut-être un peu de ce pouvoir militaire, pour retenir dans nos cœurs ce qui nous reste de sentiments généreux ; on se dira que nous n'aurions pas alors le temps de courir au hasard, suivant nos inclinations perverses et notre amour de nous-mêmes ; que la patrie, les intérêts de tous enfin, seraient nos intérêts ; qu'un bras qui échange le sceptre contre l'épée, sait toujours mettre à l'abri du déshonneur le peuple confié à ses soins, en le régénérant par le fer et la poudre ; que c'est le seul moyen de cautériser pour long-temps les plaies que la corruption engendre toujours dans des masses aussi réfléchissantes que les nôtres; qu'alors les souillures de la France disparaîtraient sous la gloire ; car l'acier, destructeur pour les autres, n'a jamais ajouté que de belles pages à l'histoire du peuple de Clovis.

4

Voyez ce que l'on sera forcé d'invoquer. — Le despotisme militaire !

C'est que notre politique est si indigne d'un peuple de trente-quatre millions d'hommes habitués, en tous temps, à parler en maître au monde, que, malgré soi, on en est réduit à tout désirer, même ce que l'on redoute le plus.

VII.

Destinée de Napoléon.

⊰❁⊱

Napoléon, par ce seul fait de son retour, se trouve placé à la barre du monde; de nouveau il va être jugé comme l'homme du présent , lui dont le nom appartenait déjà à l'histoire.

Pour beaucoup, il ne sera toujours qu'un despote militaire, dont la loi était le sabre ; et toutes les tragédies bruyantes dont il fut le héros, se résumeront long-temps pour eux dans un ruban trempé dans le sang des morts, et placé à la boutonnière des survivants. Ceux maintenant qui , loin de toute partialité , jugeront froidement cet homme extraordinaire, trouveront dans sa gloire une tout autre portée , non – seulement elle tonnera avec le canon , mais encore elle fondera au – dessus des actions ordinaires aux conquérants.

Napoléon était l'homme destiné

par la Providence à accomplir les funérailles de la vieille monarchie, assassinée dans son roi par la Convention. Mais si sa main devait ensevelir ces grandes dépouilles, elle devait aussi ouvrir au monde dans l'attente une ère nouvelle, une existence enfin, appropriée à ces temps orageux. Son *fiat lux* à lui se manifesta dans ses canons retentissants, ses armées permanentes dans la victoire, ses courses consulaires, et puis impériales, à chaque bout du monde; il porta la lumière nouvelle; il inocula la révolution dans toutes les têtes; il enseigna enfin que désormais il n'y aurait plus de classements dans la société, et que chacun aurait le droit d'être ambitieux, s'il avait le courage et le bonheur de réussir.

Napoléon était fataliste ; apercevant cette route que lui montrait une main mystérieuse, il la parcourut à pas précipités, afin de ne point faillir à son destin, tout en voyant pourtant que cet affranchissement de liens pour les masses devait ouvrir un jour une longue série de chocs divers, d'intérêts froissés, de tumultes effroyables.

Mais il fut inexorable ; car pouvait-il craindre quelque chose pour lui, avec une main si forte et une si brillante étoile? Il avait occupé telle- ment ses peuples à la grande œuvre révolutionnaire, il les avait si souvent lancés en armées comme un large fleuve de gloire, sur les campagnes étrangè- res, que tous, à leur retour de ces longues missions, ne respiraient plus que pour le repos; le souvenir de leurs luttes gigantesques leur avait fait ou- blier cette liberté qu'ils avaient appor- tée aux nations asservies, et ils se voyaient courbés sous le despotisme d'un homme, avant que de l'être sous celui de leurs passions.

Mais Napoléon disparut.... Aussitôt la France , déjà bien lasse de bruit, commença à sentir fructifier la morale du conquérant ; insensiblement elle la vit, se manifestant dans l'exercice de la pensée , exciter les amours-propres et promettre au pays de vastes tempêtes.

La liberté , cette déesse si chimérique pour les peuples *athéniens* , se changea bientôt en licence effrénée ; chacun parla, chacun *voulut* , tout le monde s'agita pour la première place ; il y eut des heureux, et beaucoup plus d'abusés. La France entière devint, enfin, une arène parlementaire , où affluèrent toutes les jalousies et toutes les cupidités : chacun se renferma encore plus dans son égoïsme ; l'avarice devint sagesse , la corruption utilité : tout se transforma.

Alors parut M. Thiers ; il vint recueillir la succession du grand capitaine ; et en guise de faucille, il se sert, en ce moment, de son épée pour moissonner à pleines mains dans les champs semés par lui.

Ainsi devait s'accomplir cette filiation entre les deux époques. Napoléon démocratisa la gloire, en la faisant entrer dans la masse de la nation , et M. Thiers , en présentant le nom de

Napoléon à nos investigations les plus passionnées, est appelé à montrer à la nation, déjà si bourgeoise, combien les gloires militaires sont dangereuses pour le monde.

VIII.

Probabilités.

Que va-t-il advenir de tout ceci?
Le mois du retour, une fois arrivé,
sera-t-il possible à M. Thiers de lutter
avec avantage dans sa nouvelle position? ne sera-t-il pas un peu intimidé
quand il se verra face à face avec la

terrible tombe?... Les esprits seront-ils soulevés à cet aspect, y aura-t-il enfin des troubles, du bruit?... Peut-on le savoir?

La première réflexion qui se présente, est de deviner ce que fera l'armée : c'est une question grave et difficile à résoudre. Très-certainement les soldats et les chefs accepteront avec ardeur les restes illustres de l'ancien général de leurs pères. Quand ils formeront le cortége, peut-être bien des poitrines seront oppressées de souvenirs ; bien des yeux chercheront à sonder les profondeurs du cercueil, pour entrevoir les traits de l'homme des combats. Ces souvenirs , ces regards soulèveront-ils une tempête?... Peut-être oui... peut-être non....

Mais il y aura moins d'incertitude pour préjuger la conduite des populations. En effet, si l'on considère les habitudes des peuples européens (et nous disons européens, parce qu'en effet ce retour doit aussi-bien réagir sur l'Europe que sur la France), on serait d'abord porté à croire que difficilement ils oublieraient leurs intérêts matériels, et que plus insoucieux en actions qu'en paroles, ils se contenteraient de battre des mains dans le silence de leur vie uniforme.

Mais si l'on observe avec soin les éléments dont ils sont formés, on s'apercevra que le malaise et l'incertitude commencent à soulever les masses, en les entretenant de ce qui seul peut fixer leur destinée. Les questions politiques sont à l'ordre du jour ; on s'habitue insensiblement à envisager sans terreur les chances d'une guerre prochaine. La question d'Orient, cet éternel nœud gordien que Napoléon trancha un jour en Egypte, au profit des intérêts français, rappelle tous les esprits à ces considérations d'honneur national, qui, d'un moment à l'autre, peuvent s'envenimer par la fierté et l'ambition. — Et puis, n'est-ce pas

beaucoup que vingt-cinq ans de paix,
surtout quand les peuples se trouvent,
comme aujourd'hui, sur le même chemin politique. — De plus, un homme
d'un grand poids dans la paix de l'Europe, le vieux roi de Prusse vivra-t-
il encore long-temps?..... On parle
déjà de sa mort, qui ouvrirait peut-
être le monde à la guerre, en appe-
lant au trône le prince royal dont il
est facile de connaître l'esprit belli-
queux par le mot de son beau-frère
l'empereur Nicolas : — « C'est une
bonne épée. » Ils ont foi l'un dans
l'autre, et avec des peuples militaires
ils doivent avoir envie d'essayer.....
Ce sera donc dans ces circonstances

déjà si sérieuses, que le génie des batailles va reparaître en France. En vérité, le gouvernement s'est bien créé à plaisir des incertitudes et des craintes pénibles ; mais il est trop tard pour reculer.

— Continuons la série des choses probables.

Nous avons supposé la guerre, c'est un mot inséparable du nom de Napoléon, mais avec cette différence que si, de son vivant, ce mot signifiait des victoires, il est à craindre qu'il ne signifie autre chose après sa mort.

Avec quoi, en effet, se battait Napoléon? était-ce avec le dévouement de la France? 1814 et 1815 nous ont appris le contraire. Etait-ce avec la valeur de ses armées? La bataille de Waterloo, où il s'en est dépensé des prodiges, nous prouve qu'il lui fallait autre chose que de la valeur pour fixer la victoire. Cette autre chose, c'était le génie; où le retrouvera–t–on?

Certainement l'on peut dire : — Les peuples étrangers en ont-ils plus que nous du génie? Non, sans doute, mais ils sont en général unis sous le rapport politique, ce qui équivaut à dire : Ils sont forts !

Nous n'ignorons pas que l'on peut arguer des ferments de divisions religieuses de la Prusse et d'une partie de l'Allemagne, que ce sont là aussi des divisions favorables à nos intérêts. Erreur! ces divisions seront négatives devant le drapeau tricolore, qui n'est que l'expression du voltairianisme pratique! Oui, les peuples se soulèveront un jour, bientôt. Une unité inconnue planera dans l'avenir sur l'Occident; l'esprit français opérera ce miracle; mais peut-on savoir avec QUEL DRAPEAU?...

Cette considération nous amène naturellement à parler du maintien

de la paix. Dans cette hypothèse pro-
bable, quel rôle joueront les restes
de Napoléon? Nous allons le dire.

Il y a deux sortes de paix, celle
que vous imposez, et celle qu'on vous
impose. Après notre manière de faire
depuis la révolution de juillet, nous
ne pensons pas que l'on puisse sérieusement loger la nôtre dans la première
catégorie, et alors il est facile de
voir quel rôle joueront ces cendres
condamnées à mourir de repos au milieu d'une paix à tout prix, et qui
date de 1830.

Elles ⸗joueront un triste rôle....!

Ainsi, soit avec la guerre, soit avec la paix, les restes mortels de Napoléon ne seront d'aucune utilité au pays. Seront-ils plus profitables comme monument de la fragilité des grandeurs humaines, au continent qu'ils agitèrent si fort autrefois ? Nous ne le pensons pas davantage.

N'était-ce pas en effet d'une plus grande moralité, que de voir cette figure pleine d'infortune et de génie, se dresser comme un géant solitaire au milieu des tempêtes de l'Atlantique ? L'immensité des flots convenait à l'immensité de ses actions ; il séparait l'ancien monde du nouveau ; il semblait

enfin montrer du doigt aux générations
futures, ce soleil d'orient dont un jour
il fut éclairé avec tant de gloire. —
Cette inépuisable mine d'inspirations
et de hautes pensées philosophiques se
trouve détruite ; on le livre à la foule
oisive et passionnée, et bientôt, nous
pouvons presque l'assurer, l'indifférence, si ce n'est même l'oubli, circu-
leront seuls à côté de cette poussière,
qui, ainsi que toutes les grandeurs,
avait besoin d'un voile, et dont le voile
était les brumes et les mystères de
l'Océan.

Voilà donc parcourue la série des
probabilités que cette translation peut

faire naître dans l'intérieur ; il ne nous reste plus qu'un mot à dire sur les probabilités qui ont pu amener l'Angleterre à s'y prêter, et ce mot sera le plus fatal ! En effet, l'Angleterre, depuis dix-huit mois que la question d'Orient est sérieusement ouverte, a pu et a dû s'apercevoir que notre alliance ne lui était qu'un embarras. Les tendances à l'alliance russe de certains de nos journaux, la trahison de la flotte ottomane, sa retraite à Alexandrie à la barbe de l'amiral Legallois, notre refus de coopérer à la destruction de cette flotte, nos sympathies, en un mot, égyptiennes, opposées à son esprit anti-égyptien, parce que l'Egypte est son chemin de l'Inde, et que pour posséder ce chemin il faut que l'Egypte soit faible..., tout cela nous attache aux destinées de l'Angleterre, plutôt comme un boulet qu'il faut qu'elle traîne, que comme un agent utile à ses intérêts.

Si l'on joint à ces considérations les démêlés de la question des soufres, ceux qui s'apprêtent en Sardaigne, et qui s'amoncelleront de plus en plus sur tout le littoral, contre les envahissements inévitables de sa puissance monstre, démêlés pour lesquels nous serons toujours, en qualité de voisins , des médiateurs d'autant plus embarrassants que nous serons plus forts , on concevra facilement que l'Angleterre soit intéressée à nous rendre faibles , à nous rendre nuls. Or, à notre avis , rien ne pouvait mieux l'amener à ce but infernal , que l'idée de nous jeter , comme pomme de discorde , les restes de celui qui , de son vivant , réunissait tout dans sa main formidable ; mais qui, mort , ne saura plus que tout disjoindre.

IX.

Aveuglement général.

❧✦❧

Quand les temps sont venus, il ar-
rive du ciel cet esprit

« .... de vertige et d'erreur,
» De la chute des rois funeste avant-coureur. »

Aujourd'hui cet esprit souffle des
quatre points de l'horizon.

Justifions par un mot notre pensée : Napoléon sortit du continent en fugitif, il y a vingt-cinq ans, au milieu des malédictions universelles ; aujourd'hui que l'on parle de son retour, on accueille pour le moment, de partout, cette idée avec convenance : bientôt il n'y aura pas assez de cris pour la saluer.

Accourez, rangez-vous tous ! le sombre tombeau s'avance, *conduit par Sinon*.....

Voici d'abord devant lui une royauté qui se découvre ; elle espère n'avoir plus que cette ombre à user pour prendre de la force ; elle compte y réussir..... Aveuglement !

Les turbulents, les ambitieux, militaires, civils, de tous les partis, se pressent, s'agitent autour du tombeau ; ils lui demandent, les uns la paix, d'autres la guerre, ceux-ci l'application de leurs rêves, ceux-là les secousses qu'ils voudraient produire ; de l'or, des vœux, de la fumée, tous voudraient quelque chose, tous désirent ; mais le tombeau est encore sourd, et quand il parlera ils seront déçus..... Aveuglement !

L'Allemagne, avec ses diverses nationalités, se souvient et a peur ; mais

elle reste silencieuse, et n'ose protes-
ter..... Aveuglement !

La Russie pousse de loin des ac-
clamations,..... est-ce parce que celui
qui remplit le tombeau est l'aïeul
adoptif du gendre de son empereur ?
Serait-ce, au contraire, parce que la
Pologne refermente, parce que le retour du flot russe, de l'Orient où il
était lancé, sur l'Occident où il n'a
rien à faire, peut affaiblir sa propre
nationalité jusqu'à ce jour compacte,
qu'elle se livre à cette étrange joie ?
Se croit-elle donc si loin qu'elle puisse
échapper à l'incendie qui s'apprête ?...
Aveuglement !

Enfin, l'Angleterre s'incline, elle salue, mais avec dédain ; elle rit de cette trame, mais elle sera la dernière de sa politique. Y a-t-il donc pour elle tant de motifs à se réjouir d'avoir sur les bras O'Connell, l'Irlande, sa propre oligarchie qui tombe en pièces, son crédit qui s'obère, le dessillement de tous les peuples à son égard, et l'opprobre que lui a légué Napoléon en mourant ? On commençait à oublier Ste-Hélène ; le dôme des Invalides sera là pour empêcher qu'on n'oublie...., O l'insensée ! elle peut disparaître dans la tempête, et elle la soulève !..... Aveuglement !

Aveuglement de quelques-uns, aveuglement de tous, aveuglement général : voilà le vertige....... Le vertige fait courber toutes les têtes devant NAPOLÉON BONAPARTE : la tête de ceux-ci, *parce qu'il* est mort ; la tête de ceux-là, *quoiqu'il* le soit...... C'est une fatalité incroyable, qui profite des passions, se joue de l'imprévu, et pousse inexorablement, en 1840, les vieilles sociétés vers un abîme !

Que les temps s'accomplissent, il y aura une Providence !!.....

X.

Conclusion.

❧❀❧

Ainsi, en nous résumant, nous ne voyons qu'un seul résultat de ce retour, qui pût devenir heureux peut-être ; ce serait le retour simultané de l'esprit français aux idées de gloire, à la vue du grand cercueil... Mais, hélas ! comme la gloire, et surtout la gloire heureuse, n'est plus de notre temps, nous sommes amenés à repousser le retour de Napoléon, et nous le faisons avec force ; 1°. parce que cette translation ne peut être inaugurée dignement que par la révolution renaissante ; c'est-à-dire, par quelque chose de si obscur et de si terrible dans ses actes et dans ses effets, cette fois universels, que nous en sommes épouvantés ; 2°. parce qu'il serait en vérité trop cruel pour ceux qui aiment véritablement leur patrie, de voir, en supposant que la léthargie actuelle dure, arriver ces cendres sous les auspices de M. Thiers, pour cimenter frauduleusement l'alliance à jamais

déplorable de notre antique rivale ;
et parce que d'ailleurs ces cendres sont
surtout et avant tout un présent de
l'ennemi :

« *Timeo Danaos et dona ferentes.* »

FIN.

TABLE.